I0796966
3

Necesitaremos palos
y pelotas de golf.

Pequeñas Estrellas

Un libro de El Semillero de Crabtree

Taylor Farley y Pablo de la Vega

¡Vamos al **campo de golf**!

palos de golf

punto de salida

Yo **daré el golpe inicial**.

TaylorMade
R11

Me paro con los pies separados.

Uso mis dos manos y balanceo el palo de golf en lo alto.

R11

Golpeo la pelota fuerte hacia la **calle**.

Vamos hacia la calle
en un carrito de golf.

Llevo mi pelota al ***putting green*** en cuatro **golpes**.

Mi pelota está
cerca del hoyo.

Le doy un **golpe corto** a la pelota: ¡entra!

Glosario

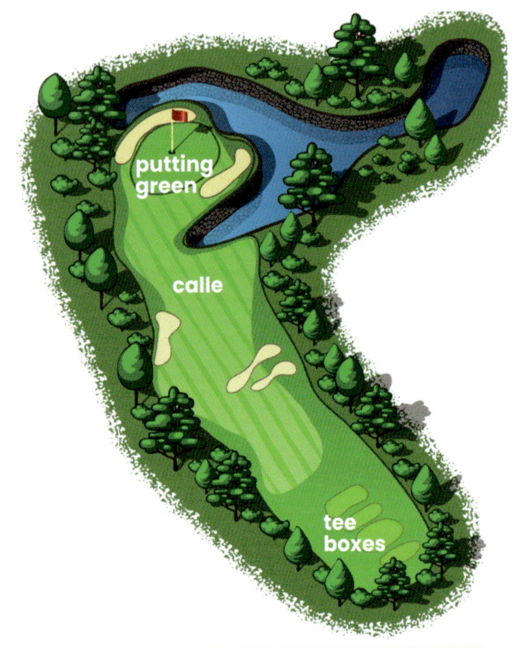

calle: La calle es el césped corto que está entre las *tee boxes* y el *putting green*.

campo de golf: Un campo de golf es el área donde se juega golf. Un campo de golf tiene 9 o 18 hoyos.

dar el golpe inicial: Dar el golpe inicial es comenzar el juego golpeando la pelota de golf desde el punto de partida.

golpe corto: Un golpe corto es un golpe hecho tocando suavemente la pelota, sin golpearla duro.

golpes: Los golpes son toques fuertes que se dan a la pelota de golf.

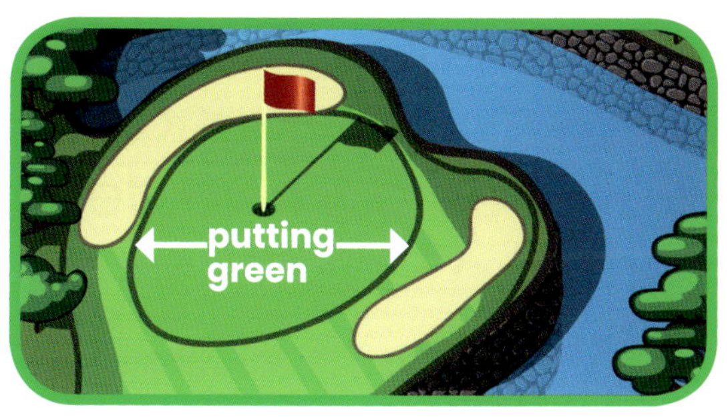

putting green: La *putting green* es el área verde alrededor de un hoyo.

Índice analítico

Apoyos de la escuela a los hogares para cuidadores y maestros

Los libros de El Semillero de Crabtree ayudan a los niños a crecer al permitirles practicar la lectura. Las siguientes son algunas preguntas de guía que ayudan a los lectores a construir sus habilidades de comprensión. Algunas posibles respuestas están incluidas.

Antes de leer:

- **¿De qué piensas que tratará este libro?** Pienso que este es un libro sobre golf. Quizá nos enseñará cómo es que los niños aprenden a jugar golf.
- **¿Qué quiero aprender sobre este tema?** Quiero saber cómo es que los golfistas golpean la pelota.

Durante la lectura:

- **Me pregunto por qué...** Me pregunto cómo hace un golfista para pararse con los pies separados.
- **¿Qué he aprendido hasta ahora?** Aprendí que un golfista usa ambas manos y balancea el palo en lo alto para golpear la pelota.

Después de leer:

- **¿Qué detalles aprendí de este tema?** Aprendí que un campo de golf tiene distintas partes, tales como una calle, un *putting green* y un hoyo.
- **Lee el libro de nuevo y busca las palabras del vocabulario.** Veo la palabra *golpes* en la página 17 y la palabra *golpe corto* en la página 20. Las otras palabras del vocabulario están en las páginas 22 y 23.

Library and Archives Canada Cataloguing in Publication

Title: El golf de las pequeñas estrellas / Taylor Farley y Pablo de la Vega.
Other titles: Little stars golf. Spanish
Names: Farley, Taylor, author. | Vega, Pablo de la, translator.
Description: Series statement: Pequeñas estrellas | Translation of: Little stars golf. | Translated by Pablo de la Vega. | "Un libro de el semillero de Crabtree". | Includes index. | Text in Spanish.
Identifiers: Canadiana (print) 20210096284 | Canadiana (ebook) 20210096292 | ISBN 9781427131614 (hardcover) | ISBN 9781427131799 (softcover) | ISBN 9781427131966 (HTML) | ISBN 9781427136039 (read-along ebook)
Subjects: LCSH: Golf—Juvenile literature.
Classification: LCC GV968 .F3718 2021 | DDC j796.352—dc23

Library of Congress Cataloging-in-Publication Data

Names: Farley, Taylor, author. | Vega, Pablo de la, translator.
Title: El golf de las pequeñas estrellas / Taylor Farley y Pablo de la Vega.
Other titles: Little stars golf. Spanish
Description: New York : Crabtree Publishing, 2021. | Series: Pequeñas estrellas | "Un libro de El Semillero de Crabtree". | Audience: Ages 5-7 | Audience: Grades K-1 | Summary: "Calling all beginning readers and golfers! This book will teach you all the basics about the golf course, equipment, and different strokes. Full-color photographs help readers fully understand the text"-- Provided by publisher.
Identifiers: LCCN 2020056737 (print) | LCCN 2020056738 (ebook) | ISBN 9781427131614 (hardcover) | ISBN 9781427131799 (paperback) | ISBN 9781427131966 (ebook) | ISBN 9781427136039 (epub)
Subjects: LCSH: Golf--Juvenile literature.
Classification: LCC GV968 .F3518 2021 (print) | LCC GV968 (ebook) | DDC 796.352--dc23
LC record available at https://lccn.loc.gov/2020056737
LC ebook record available at https://lccn.loc.gov/2020056738

Crabtree Publishing Company
www.crabtreebooks.com 1–800–387–7650

Written by Taylor Farley
Production coordinator and Prepress technician: Samara Parent
Print coordinator: Katherine Berti
Translation to Spanish: Pablo de la Vega
Edition in Spanish: Base Tres

Print book version produced jointly with Blue Door Education in 2021

Printed in the U.S.A./022021/CG20201215

Photo credits: Cover © Olimpik; page 3 © sunday hill; page 5 © SARAPON; page 6 © KK Tan; page 8, 11 and 13 © Phil's Mommy; page 14 and 16 © Dasha Petrenko; page 19 © Mr.Somchai Sukkasem; page 21 © Click Images; page 22 and 23 top photos © i am way, page 22 bottom © Lapina; page 23 middle © Olimpik All images from Shutterstock.com

Published in Canada
Crabtree Publishing
616 Welland Ave.
St. Catharines, Ontario
L2M 5V6

Published in the United States
Crabtree Publishing
347 Fifth Ave.
Suite 1402-145
New York, NY 10016

Published in the United Kingdom
Crabtree Publishing
Maritime House
Basin Road North, Hove
BN41 1WR

Published in Australia
Crabtree Publishing
Unit 3 – 5 Currumbin Court
Capalaba
QLD 4157